JN258418

ユーキャンのまんが

保育者1年目の教科書

監修
坂東 眞理子　横山 洋子

漫画
rikko

Prologue
初出勤は身だしなみを整えて

ようやく念願の保育者になれたんだから
パンッ
気合い入れてがんばらないと！
ファイ！
あっ！そろそろ準備しないと遅刻しちゃう！
えっと…通勤時はきちんとした格好でって横山先生言ってたよね
奇抜すぎるのはNG!!
ツメも子どもを傷つけないように短く整えたし
髪は邪魔にならないように整えて…
化粧はナチュラルメイクにして…と

いよいよ保育者デビューですね。
ドキドキするのはみな一緒。
失敗したらどうしよう、なんて心配せずに、
ありのままのあなたで明るく
前向きに歩んでください。

新人に求められるのは、
「元気なこと」と「一生懸命さ」のみ。
言われたことに素直に耳を傾け、
元気に返事をしてひとつひとつ丁寧に
こなしていけば大丈夫。

気負わず、ふてくされず、
日々心を新たにして
一歩一歩素敵な
保育者へと成長して
いってください。
応援しています。

先生！
ありがとうございます
がんばろう
じ〜ん
あっ！
もう出なきゃ！
行ってきまーす！
今日からここに
勤めるのか…
どんな子が
いるんだろう…
ひなたこども園
新任の
あかり先生ね？
はい！
よろしくお願い
します！
こちらこそ
よろしくお願いします
あかり先生の服装
きちんとしていて
清潔感があるわね

服装ほめられた！
うれしい〜！
あかり先生には2歳児のひよこ組を担当してもらいます
はい！
ひよこ組にはベテランのこずえ先生とゆき先生もいるから安心してね
ゆき先生
こずえ先生
はい！
2人もベテランの先生がいてくれるなんて心強いな…！
この「ひなたこども園」で
素敵な保育者になるぞ！

アドバイス

清潔感のある服装や身だしなみを意識する

「今度の先生はどんな人だろう」「信頼できる人かしら」――。新人保育者のあなたには保護者や子ども、園の先輩など多くの人の視線が集まっています。

そんなみなさんがまず注目するのは、あなたの「清潔感」です。清潔さはきちんとした生活態度から生まれ、ひいてはその人への信頼感につながります。

園は保育者がおしゃれを楽しむ場ではなく、子どもたちの個性を育み、自己発揮させる場。奇抜な服やセクシーな服は論外ですし、ネイルアートや長いひものついた服は安全面からも避けたいもの。また、汚れたジャージやヨレヨレのエプロンなどは不潔な印象に。清潔感のある身だしなみは、素敵な保育者への第一歩です。

CONTENTS

10月～12月

1月～3月

本書の使い方

■横山先生からのアドバイス

各エピソードのまとめとして、横山先生からのアドバイスを掲載しています。

■エピソード

新人保育者あかりの1年間を通して、保育現場で直面する悩みや、新人保育者として心がけたいポイントなどを、各エピソードにまとめています。

保育者1年目のみなさんを応援する先生方

横山洋子先生

千葉経済大学短期大学部こども学科教授。国立大学附属幼稚園、公立小学校教諭を経て現職。保育者の養成に携わる。

みなさんへのメッセージ

小さいころからの夢を叶え、晴れて保育者として仕事をしているあなた。「ここがゴールかと思っていたら、何だか違うぞ」と感じはじめたのではないでしょうか。

1年目はわからないことが多く、園へ行くのがつらい日もあるかもしれません。でも大丈夫！　どんなベテランの保育者にも、必ず1年目はあったのです。失敗から学びながら、成長してきたのです。

あなたもこの本に登場するあかりとともに、それぞれのエピソードからの学びを積み上げながら乗り越えてください。1年目を終えたとき、いまとは見える景色が違うはずです。

本書が、あなたの心の支えとなりますように、祈りを込めて。

坂東眞理子先生

昭和女子大学総長。総理府（現内閣府）入省後、埼玉県副知事、在豪州ブリスベン総領事、内閣府男女共同参画局長などを経て、2004年に昭和女子大学教授。07年同学長、16年総長（理事長兼務）に就任。

みなさんへのメッセージ

近年、保育者の果たす役割に期待が高まっていますが、現場の保育者は、仕事の多さ、責任の重さ、保護者や地域社会への対応などに戸惑い、悩んでいます。

保育者になるには専門知識と資格が必要ですが、それに加え、多くの経験から学び、自分で成長していかねばなりません。

さらに保護者と信頼関係を築き、保護者をサポートするのも保育者の大きな役割です。この本には、若い保育者を応援するヒントがたくさんあります。ぜひ、がんばってください。

登場人物紹介

「ひなたこども園」ひよこ組（2歳児）の担任

佐々木あかり（20）
新人保育者。何事にも熱心に取り組み、元気で明るい性格。先輩保育者たちのアシストや助言によって徐々に保育者として成長していく。

宮村こずえ（48）
ひなたこども園のベテラン保育者。あかりに対してあえて厳しい助言をすることも多いが、あかりの成長を見守っている。

麻生ゆき（28）
あかり、こずえ先生とともにひよこ組を担当。後輩のあかりに対して親身に接し、優しくフォローするなど頼れる先輩。

ひなたこども園の保育者たち

園長（55）
「ひなたこども園」の園長。新人保育者のあかりを温かく見守る。

清水透（25）
あかりの彼氏。

佐藤麻衣子（40）
パート勤務のベテラン保育者。あかりのよき相談相手。

松本えり（20）
あかりと同期の新人保育者。うさぎ組（3歳児）を担当。

渡辺葉月（25）
保育者歴5年。えり先生とともにうさぎ組を担当。

吉田貴志（26）
保育者歴3年の男性保育者。園児から慕われている。

斉藤あけみ（35）
子どもの小学校入学を機に、ひなたこども園に職場復帰する。

4月

Episode 1

登園時は明るくあいさつ

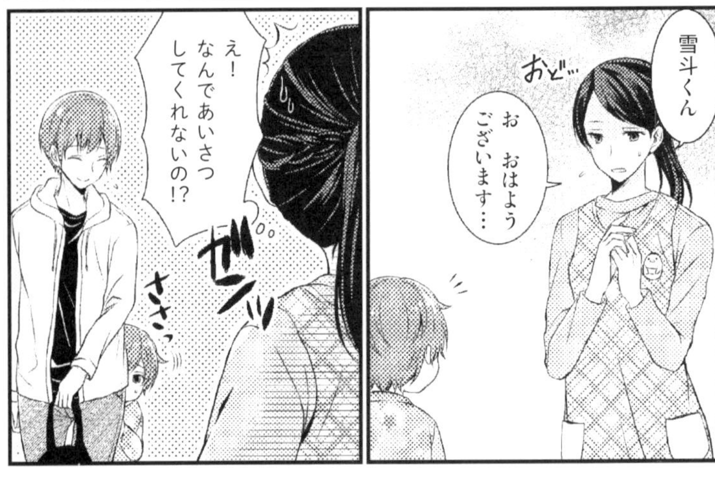

あ　雪斗くん
おはよう
ございます！
お母さんも
おはようございます！
ゆき先生!?
おはよう！
お　元気な
あいさつだね！
先生とっても
うれしいよ！
ゆき先生すごいな…
どうしたらあんなあいさつ
できるんだろう？
あかり先生
あいさつは笑顔で
元気よくが基本！
ゆき先生！
園児や保護者を
見かけたら明るく積極的に
あいさつしなきゃ
先生からあいさつすると
子どもも心を
開いてくれるよ！
わかりました！
次から心がけてみます！
がんばって！

よし！
さっき教わったことを
実践してみよう！
ジー…
晴樹くん
おはよう
ございます！
…
おはよう！
あいさつしてくれた！
笑顔であいさつするだけで
こんなに反応が変わるんだ！
よかったね　あかり先生
この調子でがんばって！
はい！
自分からあいさつするのは
苦手だったけど
これから積極的に
あいさつして
いこう！
おはよう
ございます
おはよー
おはよー

アドバイス

あいさつのコツ

人と人の気持ちの通い合いは、明るく気持ちのよいあいさつから。どんなに好意的な気持ちを抱いていても、それを表現しなければ相手には伝わりません。保育者に笑顔がなければ、子どもは不安を感じてしまいます。

慣れるまでは、笑顔もトレーニングが必要です。鏡を見ながら、あなたのいろいろな笑顔を客観的に観察し、いちばん気持ちのよい笑顔を見つけましょう。

朝のあいさつは、よい1日を招きます。さあ、勇気を出して！

CHECK!

☑ あいまいな表情でせず にっこりと口角を上げる

☑ いきいきした笑顔と 明るい声を意識する

☑ 相手の目を見て あいさつする

Episode 2

あいさつ時の注意点

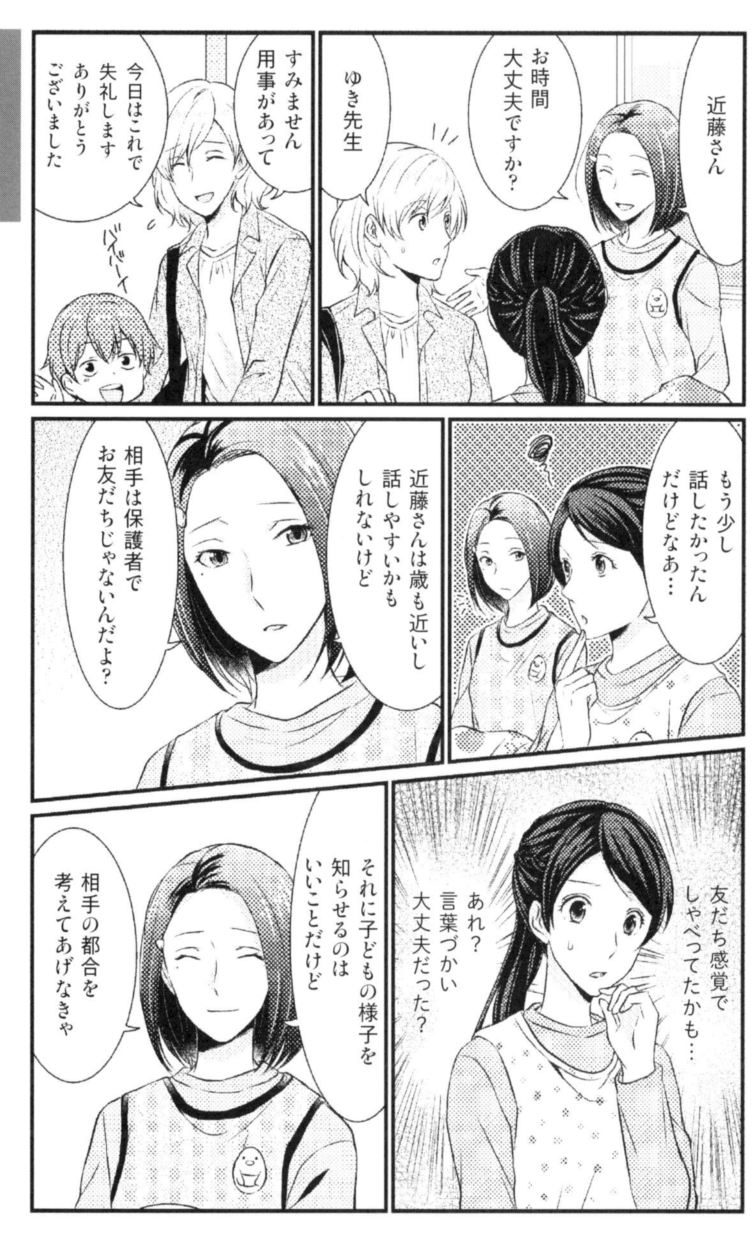
近藤さん
お時間大丈夫ですか？
ゆき先生
すみません用事があって
今日はこれで失礼しますありがとうございました
バイバーイ
もう少し話したかったんだけどなあ…
近藤さんは歳も近いし話しやすいかもしれないけど
相手は保護者でお友だちじゃないんだよ？
友だち感覚でしゃべってたかも…
あれ？言葉づかい大丈夫だった？
それに子どもの様子を知らせるのはいいことだけど
相手の都合を考えてあげなきゃ

たくさん伝えるのが
いいことだと思って　相手の
都合まで考えていませんでした
子どもの姿を
伝えたい気持ちは
よくわかるよ！
でも報告は
わかりやすくまとめる
といいよ
ポンッ
熱意は
伝わってるから
あとはどう簡潔に
話せるかだね
はい
ありがとうございます
難しい…
簡潔に　かあ…
次の日――
佐藤さん　いま5分ほど
お時間よろしいですか？
えらい
えらい
ちゃんと実践
してるわね
食事のことで
お話が…

アドバイス

丁寧な言葉づかいや保護者への気配りが大切

ついこの間まで学生だった新人保育者がいちばん戸惑うのが、「保護者との会話」です。敬語が使えない、ついなれなれしい口調になる、話に夢中になり時間に追われる保護者の立場を忘れてしまう……など、注意点はたくさんあります。まずは、「いま、話をしてもよろしいでしょうか」など、相手の都合をたずねる言葉を言えるように、習慣づけましょう。

丁寧な言葉づかいをされて、不快に思う人はいません。敬語や丁寧語はアナウンサーの言葉づかいを参考にするのもいいですね。加えて新聞や本を読むなど、言葉の使い方を自分から積極的に学んでいく姿勢が大切です。

Episode 3

常に見られている自覚を

翌日
あ　木村さん
おはようございます！
おはようございます〜
ひそ… ひそ…
!?
あれ？　なんか
うわさされてる？
気のせいかな…
あかり先生
ちょっと話が
あるんだけど
いま
時間いいかな？
はい　大丈夫です
何か
ありましたか？

あのね
さっき保護者の方から
あかり先生の
行動について苦情が来たの
え!?
苦情!?

たまたま保護者の方が
あかり先生が買ったものを食べながら
歩く姿を見かけたんですって

そう言えば
そんなことがあったかも…

ほかにも
休日にあかり先生が
派手な格好で歩いている姿を
見かけた保護者もいるそうよ

え!?
そんなところまで
見られてるの!?

あかり先生
あかり先生は見られている自覚が足りないよ
保護者は先生を信頼して預けてるの
園の外であってもあかり先生は保護者にとって「先生」なのよ
もう少し自覚をもった行動を心がけなさい
…はい
申し訳ありませんでした…
帰宅後——
ぽすんっ
…はあ

…
透からだ
ピッ
もしもし…
もしもし？
何か今日元気ない？
うん…
実は今日こんなことが
あって…
そうか…そんなことが
あったんだ
うん…
私　常に見られてるなんて
意識してなかったよ
子どもたちや保護者にとって
私は「先生」なんだよね
叱られちゃったけど
ようやく私は保育者なんだって
自覚できた気がする
がんばれよ
先生！
うん！

保育者は常に見られている。お手本になる存在に

朝、登園途中にボサボサ髪でいかにも眠そうに歩いていたり、帰りにコンビニで買い食いしたり。そんな保育者の姿を保護者は見逃しません。

また、休日に園とは別人のように派手な格好で、デートではしゃぐところを見られてしまい、園にクレームが来た事例もあります。

たとえ勤務時間外や園外であっても、保護者や子どもたちにとっては、あなたは「○○先生」なのです。園とは違いすぎる態度や服装のあなたを見たら、せっかく築いてきた日ごろの信頼は揺らいでしまうでしょう。

いつでもあなたを見る目があることを意識し、恥ずかしくない行動をしましょう。

Episode 4

体調不良時は無理せず休む

あー…頭痛もしてきた
なんかふらふらするかも
丸いのー！
パッ
あっ
ダメッ！
かーしーてー！
やい やい
ボ～
あらあら 大変！
ちょっと目を離してたすきに
いつのまにか大変なことに！！
丸いつみきが欲しかったのね～
あわわ
す すみません！こずえ先生
私が目を離していたせいで…
それよりもあかり先生
今日はもう帰ったら？

え!?
だ　大丈夫です！
ちょっと風邪気味な
だけで…
その割には保育中も
ぼんやりしているし
元気ないじゃない
でも　まだやることが
迷惑かけちゃう…
…あかり先生
子どもたちの健康や安全を
守るためには　しっかりと
休むことも大切なことなの
え!?　休むことが
子どもの健康と
安全を守る!?
もし子どもに風邪を
うつしてしまったら
どうするの？
ヒヒヒ
ゲホゲホ
さむい〜
イヒヒ

それにさっきみたいに
風邪のせいで
注意力が散漫になっていると
子どもの危険な行為に
気づかなかった…なんて
ことになりかねないわよ
だから休んで体調を
整えることも
大切なことなのよ
私…子どもたちのことまで
考えてなかった…
自分の気持ち
ばっかり優先
させてたんだ…
あとのことは私に任せて！
園長には私から
伝えておくから
ポンッ
はい…それでは
お言葉に甘えて
早退させていただきます

病院に行って薬ももらってきたし
今日はしっかり寝て絶対に治そう！
翌朝
復活！
熱下がった!!
おはようございます！
こずえ先生
昨日はありがとうございましたおかげさまで熱も下がりました
すっかり元気になったね
あかり先生が早退して子どもたちも心配していたよ
ガラッ
えっ！本当ですか？
あ！あかり先生だー！
子どもたちの笑顔を毎日見るためにも
昨日はごめんね
しっかりと自己管理をしなくちゃね…！
先生～もう平気？
あそぼー

アドバイス

欠勤しないのが基本！でも休んで体調を整えることも大切

みなさんも学生時代には、夜更かしをして授業中に居眠り、などということもあったかもしれません。学生のうちは居眠りしても欠席しても、困るのは自分だけ。けれど保育者となったいまでは、あなたが欠勤したら、クラスの子どもたちを誰が保育するのでしょうか？　自分が担う役割を自覚しなければなりません。

自分の体調管理は社会人としての最低条件です。寝不足や風邪気味で注意力散漫になっている保育者では、子どもの安全も守れません。体調を崩さないのが第一ですが、具合が悪い場合は早めに休み、栄養をとるなど回復に努めましょう。

坂東先生に聞く

社会人1年目の基本マナー

身だしなみ

学生時代と異なり、社会人には役割を果たすよう求められます。その役割にそぐわない格好では、信頼を失ってしまうでしょう。保育者は「先生」と呼ばれる職業です。どこで誰に見られても困らない身だしなみを心がけてください。「離見の見」とは能役者・世阿弥の言葉。「自分の姿を意識して客観的に見る」という意味です。ときどき鏡でチェックし、自分の姿を見直しましょう。

あいさつ、笑顔

あいさつは明るい声で、はっきりと。あなたの気持ちが相手に伝わるような、聞きやすい声を出しましょう。甘えた声やなれなれしい口調、タメ口は、職場にふさわしくありません。社会人1年生らしく、敬語を使いましょう。そして何よりも大切なのは、あいまいな表情ではなく、笑顔ですること。いきいきとした笑顔は何より魅力的。笑顔は周囲も自分も元気にする、最高の魔法です。

学ぶ姿勢

先輩の保育スキルを吸収したかったら、まずは謙虚に「まね」しましょう。「学ぶ」は「まねる」と同じ語源だとか。素直にまねると、よい点も改善点も見えてきます。指示は復唱とメモで確認し、ミスを防ぎます。相手の話は途中でさえぎらず、最後まで「傾聴」を。聞いた話はみな経験となります。世間にも関心をもち、ニュースや本を通し知的好奇心を高め、日々成長をめざしましょう。

5月

Episode 5

全体を見ながら保育をする

ふたりとも
けがはない？
あ！　ゆき先生！
ズーン
ゆき先生に
またフォローーして
もらっちゃった…
ゆき先生
さっきはありがとう
ございました
もう少し全体を
見ながら保育しないとね
私…
ひとりひとりを
大事にしたくて
ついかかりっきりに
なってしまうんです
私と遊びたがってるのに
離れるのもつらくて…
見極めは
難しいところだよね

でもね　ひとりだけを
見ているとほかの子は
ほったらかしになるし
せんせ～
見て～
いたっ
あっ
全体が見えていないから
トラブルを防ぐことも
できなくなるの

1対1で子どもと向き合うことが
大切だと思っていたけど
それだけだと
ダメなんだなあ…

もしどうしても
ひとりの子について
あげたいときは
わかりました
ゆき先生
フォローお願いします
ほかの先生にフォローを
お願いするといいよ

そのために複数の
担任がいるんだからね
ポン
頼っていいよ！

保育ってひとりで
やるものじゃないんだ！
はい！

個を見るだけでなく全体を見る力もつける

自分を慕ってくる子どもに対応していると、ほかの子どもに目が行き届かなくなる――。新人が陥りやすいケースのひとつでしょう。あなたがひとりの子に目を向けている間に、トラブルや危険な事態が起こるかもしれません。かといって、全体を見られなくなることを恐れて、話しかけてくる子どもを避けていては、信頼関係は築けません。目の前の子どもの気持ちを受けとめながら、ほかの子どもたちの様子にも気を配る。そんな先輩たちの姿をめざしましょう。

どうしてもひとりの子にかかわる必要がある場合は、ほかの先生に「いま○○なのですが、お願いできますか」と声をかけて。保育はチームで行うものなのです。

ゆき先生に教わったことを意識して保育してみよう
まず全体を見て…と
あれ　はるかちゃん ひとりで遊んでる
はるかちゃん！何して遊んでるの？
あ！ゆき先生
どうしたんだろう…
おままごと
そうか～！先生も入れてほしいな！
いいよ！
キョロッ…
ゆき先生お母さんね
ねえ　はるかちゃん ほかに何の役があるかな？
えっとー お父さんと妹！

はじめくん！
先生たちと一緒に
おままごとしない？
…うん
はじめくん
お父さんね
いいよー
ゆき先生すごい！
ひとりで遊んでる子を
誘導して友だちと
遊べるようにしたんだ！
ぞろ
ぞろ
入れてーー
なにしてるの～
子どもが
続々と集まって
来てる！
お母さんは
ちょっと買い物に
出かけてくるね
いってらっしゃーい！
ゆき先生！
どうしてはるかちゃんに
声をかけたんですか!?
えっ？
抜け方も
上手!!

あれは…
はるかちゃんはよく
ひとり遊びしてるから
友だちと遊ぶ
きっかけをつくり
たかったの
そんな考えが
あったんだ…
さすが ゆき先生！

ひとりで遊んで
いたら会話を楽しんで
複数で遊べるように
誘導するの
先生たちも
入れてー
いいよー
そうすることで
友だちとの
かかわりが
できるでしょう？

ちなみに遊びから抜けるときは
子どもがつくった設定を
壊さないようにするのがポイントね
保育って
奥が深い…！
私も
見習おう…！

アドバイス

保育室全体が見わたせる立ち位置を意識する

保育にあたるとき、あなたは自分の立つ向き・座る向きを意識していますか？視界には、クラスの子どもが何人入っているでしょうか？

このケースの先輩保育者は、ひとり遊びの子どもに目をとめるだけでなく、上手に集団遊びへと導きました。保育室全体がよく見える位置に立っていたからこそ、大勢のなかから一緒に遊びに加われそうな子どもをすぐに見分けられたのです。

先輩の保育をよく観察して、「うまい」「いい方法だな」と感じた点は積極的にまねたりコツを教わるなどして、質の高い保育をめざしましょう。

Episode 6

先輩との人間関係

あかり先生！
園庭の掃除用具しまい忘れてるよ！
あっ！すみません！
別の日も――
ドアは静かに閉めること！
ピシャッ
あ はい！
子どもが見てるでしょ
まずはけががしてないか確認しなきゃ！
ギャー
は はい！
おろおろ
それは大変ね…
心なえそう…
うん…
…でもね
この前パートの麻衣子先生に教えてもらったんだけど…

今日もこずえ先生に
叱られちゃった…
私やっぱり保育者に
向いてないのかも…
とぼ
とぼ
あらあら
暗い顔してどうしたの
あかり先生
麻衣子先生！
こずえ先生にまた
ダメ出しされてしまって…
ズーン
片づけが雑って…
あらあら
私　こずえ先生に
嫌われているんでしょうか…
……
こずえ先生があかり先生に
厳しいのはなぜか
考えたことはある？

それは私が仕事ができないから…
仕事がうまくできないのは新人なんだから当たり前よ
こずえ先生が指摘するのはあなたによい保育者になってほしいからなのよ
え!?
こずえ先生あかり先生が子どもと接する姿を見て
「あの子は見込みがある」って言ってたわよ
だから余計に細かく教えるのよ
あかり先生なら成長できると信じて
嫌われているんじゃないかと不安だったけど
違ったんだ

注意されると
へこむこともあるけど
今度はきれいに
片づけよう
指摘された理由を考えて
次の保育に
生かすことが大事なのよ
叱られるのを
怖がってたけど
次からは前向きに
捉えてみよう
はい
ありがとうございます
少し元気が出ました
しっかりね！
——ということが
あったんだ
へー
そうなんだ…
お互い
成長しなくちゃね！
だね！

アドバイス

きついことを言われても傷つかず、自分が成長する糧にする

保育者1年生ならば、理想の保育ができずに自信を失うこともあるでしょう。けれど、どんなベテラン保育者も最初はあなたと同じだったのです。「保育スキルが足りない」と自覚したなら、落ち込むよりも上達するように努めましょう。

先輩からの厳しい指摘も、あなたに一人前の保育者になってほしいからこそ。経験豊かな先輩からの言葉は、自分を成長させる糧として前向きに耳を傾けましょう。叱られても「教えていただきありがとうございました」と言えたら、両者とも前向きな気持ちで日々を過ごせますね。

でもさ
どうしても苦手な
先輩っているよね…
はぁ
実は私
葉月先生が苦手で…
葉月先生…
私も苦手なんだよなぁ
あはは
葉月先生
葉月先生の私に対する
態度がひどすぎるの！
今日はいろいろ愚痴らせて！
バンッ！
う
うん！
びくっ
この前もね…
えり先生
そのやり方はありえないわよ
なんで言われた
通りにやれないの？
よかれと思ってやったことは
否定されるし
す
すみません
要領よくできないと
嫌味言われるし
時間
かかりすぎ！
すみません〜

手伝おうとすると
拒絶されるし…
いいわよ
自分でやったほうが早いし
え!?
パロッ
もう自信なくしちゃって…
こずえ先生より
怖いかも…
そっかあ…
私も葉月先生に
きついことを言われるから
えりだけが嫌われている
わけじゃないよ!
うん…
だからあまり
気にしないほうがいいよ!
…話聞いてもらえて
すっきりした
ありがとう
あかり!
もつべきものは
何でも話せる同僚だね!
うん!

アドバイス

悩みは抱え込まず、親しい人に相談する

保育の現場は多くの人が集まるところ。ときには気が合わない人もいるものですが、それが上司や先輩となると、つらい思いをする場合もあるでしょう。理不尽な仕打ちやきつい言葉にビクビクしたり自信をなくして、「自分はダメな人間」と落ち込むことがあるかもしれません。

しかし、たったひとりの言葉で、あなたのすべてが否定されるわけではありません。職場から目を転じれば、あなたを理解してくれる家族や友人もいるはずです。悩みをひとりで抱え込まずに、安心して話のできる人に相談して、心の健康を保ちましょう。

坂東先生に聞く

社会人の品格

悪口を言わない

悪口を言っている人の表情を観察してみてください。口元が歪んでいませんか？　腹に据えかねることがあっても、うっぷんばらしの悪口を言い立てることは、自分の品格を落とす行為です。園の人間関係以外の場で、有効な助言や気づきを与えてくれる信頼できる人物、いわゆるメンターをもつことをおすすめします。一見マイナスに思える状況でも自分の成長につながる視点を育てましょう。

ほめられることを期待しない

誰かにほめてもらうのはうれしいこと。とくに新人にとっては、励みになりますね。けれども「ほめられたいからがんばる」のは、本末転倒です。ほめてもらえることをあてにして、自分の力量以上の仕事を抱えては、仕事の質が下がったり、やがては燃えつきてしまいます。ほめてもらうためにがんばるのではなく、よい結果を残すために仕事に向き合いましょう。

相手によって態度を変えない

たとえばアルバイトの同僚を見下したり、出入りの業者さんに横柄な態度をとるような人は、自分より上の地位の者には媚びる傾向があるようです。そんな人が他人から信頼されるでしょうか？「粗末な身なりの人に親切にしたら、実は神様だった」というおとぎ話があるように、相手の外見や肩書きを問わず、「誰にでも誠実に」という教えは昔もいまも変わりません。

Episode 7
まずは園の方針を理解する

会議のとき 自分の意見を言うタイミングがわからなくて…
そもそも新人って意見を言っていいのでしょうか？
なぜ新人が意見を言うのがダメって思ったの？
つっ
実はこの前 保育者の友人と会ったときに…
あかり聞いてよ！
この前 園の会議でね…
ちょっと先輩の意見に納得できなくて意見を言ったの
でもその態度が不満と取られたみたいで…
それ以来 先輩の態度がよそよそしくなって…
ヒソ
ヒソ
新人のくせに生意気だって陰口も言われるようになるし…
私 そんなに悪いことしたかなあ？
？
う〜ん
……

…ということがあって
なるほどね…
あのね　1年目のうちは
園の方針ってよく
わからないでしょ？
だからまず　意見を言う前に
園のやり方を理解することが大切よ
園の方針…ですか？
そうそう
たとえば　うちの園は
外遊びを大事にしてるでしょ？
これにはきちんと理由が
あるんだけど
英語教育を
取り入れたほうが
いいと思います！
でもその理由を理解しないで
自分の意見を言うのは
我がままと一緒よね
なるほど！
友だちがしたことは
そういうことだったんだ…

もし会議の内容や
園の方針で疑問がわいたら
なぜ外遊びに
力を入れて
いるのですか？
それはね…
う〜ん
意見を言う前に
誰かに聞いたり　もう一度
自分のなかで考えたり
するといいわね

まず最初の1年は
しっかりと園を知ること
意見を言うのは
それからで充分よ

はい！

あと　会議のときは
些細なことでもメモを
取るといいわね
わかりました！
ありがとうございます！

1年目はまだまだ
わからないことばかり
この1年でしっかりと
「ひなたこども園」を知っていこう

アドバイス

新人が意見を言うのは2年目から

それぞれの園にはその園ならではの方針や文化があります。たとえば外遊びの考え方や行事の規模なども、それぞれ理由があって現在の姿になっているのです。1年目は春夏秋冬の保育をひと通り経験し、その園ならではの流れをしっかり理解する時期です。疑問があったら、「なぜその方針を採っているのか」を自分で考えたり、先輩たちにたずねて理解を深めておきましょう。

会議では毎回メモを取り、内容を整理します。改革の提案は、内容をよく吟味して2年目以降に少しずつ表現していきましょう。その際は批判的な言葉ではなく、前向きな言葉を使って丁寧に伝えましょう。

6月

Episode 8　「報告、連絡、相談（ホウ・レン・ソウ）」を忘れずに

Episode 9　園全体の役割分担を考えよう

Episode 8

「報告、連絡、相談（ホウ・レン・ソウ）」を忘れずに

降園後
ゆき先生　さっきは
ありがとうございました
私がぼんやり
していたから…
ずーん
まあまあ
そんなに落ち込まないの！
実はね　前に
子どものけがで保護者と
トラブルになったのよ
だから見ていた私が
対応を代わったの
トラブル…ですか？

ある保育者が子どものけがに
気づかなくてそのまま
帰しちゃったんだけど…
さようなら〜
さよーなら〜

降園後に保護者が
けがに気がついて…

翌日クレームが来て大変だったの
そんなことが…
だから　常に子どもたちに異常がないか目を配っていないとね
たとえ小さなけがでも保護者はとても気にするから

どうしてその傷ができたのか
その傷どうしたの？
ころんだ～
本人やまわりの保育者に聞いて把握しておいて
降園のときに保護者にきちんと伝えないと
転んでしまって…
あら

私　そんなに健康観察に
意識が向いていなかった
気がする——

子どもの元気な姿に
ばかり気をとられて

子どもの傷に
気づかなかったなんて
健康観察が
おろそかになっていた——

反省しなきゃなあ
ズーン

あとは　どんなに
些細なことでも保育者同士で
情報共有すること！
そうすれば異常が
あっても適切に
対処できるでしょ
なるほど！

次の日
あ！ 湊くん けがしてる！
湊くん ひじ どうしたの？
転んだー
ゆき先生 湊くん 転んでひじを けがしたみたいです
わかった こずえ先生にも伝えておくね
報告
あかり先生 今日の引き渡しで お母さんに伝えてくれる？
わかりました
連絡
実は今日 走って 転んでしまいまして…
ひじをすりむいていたので 消毒しておきました
あら そうですか
きちんと対応 できているわね
この調子でがんばって！

アドバイス

子どものけがなどは必ず報告し、情報を共有する

保育において、子どもの安全を守るのはもっとも大事なこと。些細なけがでも、気づいたらまず直属の上司に報告しましょう。「これくらい大したことではない」などと自己判断するのは厳禁です。

保育はチームプレーです。園では子どもの状態について保育者全員が情報を共有し、そのあとの様子を見たり、保護者のお迎えの際に状況を伝えたりしています。そうした連携プレーを成り立たせているのが、ホウ・レン・ソウと言われる「報告・連絡・相談」なのです。報告は迅速に。先輩たちが忙しそうだからと遠慮せず、「いま、よろしいでしょうか？」と前置きして要領よく伝えましょう。

あかり先生
6月の壁面って
来週の月曜日まで
だったわよね？
進行は
大丈夫そう？
はい　なんとか
間に合わせます

…とは言っても　壁面製作
苦手なんだよな～

そもそも何を
つくればいいのか
さっぱりわからない…
う～ん

まあいいや
まだ1週間あるし
ゆっくり考えてみよう

3日後――
仕事が全然
終わらない…
あはは

壁面もまったく
考えてないし…
どうしよう…
あ　ゆき先生！
ゆき先生　確か
手先が器用で製作が
うまかったよな…
ちょっと相談して
みようかな…
ゆき先生…
ゆき先生
ちょっと
はい
ゆき先生忙しそう…
いつも相談してたら
迷惑だよね…
なんとか自分で
やってみよう！

あかり先生！
壁面の進み具合はどう？
こずえ先生…！
…それが
まったく進んでいなくて
少しずつ
つくってはいるんですが
進んでないって…
期限まで
あと２日しかないのよ⁉
すみません…
ほかの仕事が手一杯で
つくる余裕がなくて…
だったらどうして
もっと早く相談しないの⁉
すみません… お忙しいのに
相談するのも申し訳なくて…
はー

あかり先生
相談はどんな小さなことでも大切なのよ
あかり先生の迷惑をかけたくないという気持ちはよくわかる
でもね

あかり先生が仕事をひとりで抱え込んでしまうことでまわりの先生にかえって迷惑をかけることもあるのよ
ハッ
私　自分のことしか考えてなかった…

どんな些細なことでも困ったら必ずひと声かけること！
そのために私たち教育係はいるんだからね！
ぽんっ

はい…
ありがとうございます
さて！
それじゃあ壁面やろうか！
ゆき先生!?
みんなで
力を合わせようね！
はい！
いろいろ教えてください！
2日後——
6がつ
できたー！
なんとか間に合ったね
はい！
本当にありがとう
ございました！
ふー
これからは
抱え込まずに
相談しよう！

問題が大きくなる前に困ったら、まず相談を

仕事を任されたものの、どうやったらいいかわからずに、悩んだまま期日が迫ってきてしまった……。こんなとき、ギリギリになってから「できません」と言い出しては、園の仕事がストップし、周囲に大きな迷惑をかけることになります。

やり方がわからない、難しくて手に余るなど、困っているならひとりで問題を抱え込まずに早めに上司に相談し、指示を仰ぎましょう。大事なのは期日までに任された仕事をやり終えること。そのための相談は、決してマイナスな行為ではないのです。

複数の上司からの仕事が重なった場合は、自分の状況を説明します。場合によっては、依頼の交通整理をしてもらう必要もあるでしょう。

Episode 9

園全体の役割分担を考えよう

そろそろリーダーで保育したいのにな…
はあ〜
あかり先生
麻衣子先生！
がんばってるわね
まだ雑務ばかりで…
ハハハ…
あら
雑務だって重要な仕事よ！
!?
雑務をきちんと行うことで
子どもが安全に過ごせる環境が整うの

雑務が子どもたちの環境を整える…
あかり先生がリーダーのとき
最近子どもたちが落ち着いてるでしょう？
はい　そうなんです！
前は言うことを聞いてくれなかったんですけど…
それはね　サブリーダーや雑務を担当している先生が
フォローしてくれてるおかげでもあるのよ
あ！
そうか…！
今度　あかり先生が雑務を担当するときに
こずえ先生やゆき先生の動きをよく見ておくといいわよ

はい…
気をつけて見てみます
次の日――
今日はみんなの大好きな絵本を読むよ～！
今日はこずえ先生がリーダー
ゆき先生がサブ…
麻衣子先生に言われたように
ふたりの動きをしっかり見ておこう
ギャー ギャー
みんな落ち着かないなあ…

みんな～
先生 今日は静かに小さい声で絵本を読むよ～
だからみんなもよ～く聞いてね！
！
ピタッ

むかしむかし…
あるところに…
シーン
すごい！
あれだけうるさかったのに
一瞬で静かになった！
あれ？ ゆりちゃん
どうしたんだろう
モジ
もじ
ス…
どうしたの？
ゆりちゃん
おしっこ行きたい？
うん
じゃあ先生と
行こうか
うん
こずえ先生の読み聞かせを
中断させないで
ゆき先生がうまく
フォローに回ってる！

そのあとも
こずえ先生とゆき先生の動きは
的確で――
みんな
大きくお口を開けて食べようね
持ち方はこうだよ

ズーン
私の動きと
全然違う～！

私がリーダーのときに
やりやすかったのは
私の実力じゃなくて
ふたりのフォローの
おかげだったんだな…

私もふたりみたいに
的確に援助できるように
ならなくちゃ！
ぐっ…

後日――
ゆき先生！
午睡用のふとん
敷いておきました！
ありがとう

おひるねのじかんだよー
うまく
連携とれてる
みたいね
みんな行くよ!!
てき
ぱき

アドバイス

リーダーとサブ、雑務、それぞれの役割と目的を理解する

遊びの時間、製作の時間、食事の時間と、園にはデイリープログラムがあります。そのとき保育者は全員が同じように子どもにかかわるのではなく、リーダー、サブ、雑務などにわかれて保育で進めていきます。

新人のころは掃除や後片づけ、下準備など雑務を任されることが多いものですが、そんなとき「子どもと向き合いたいのに雑務ばかりでつまらない」と、モチベーションが下がってはいませんか？

雑務も重要な保育の仕事。遊具の安全をチェックする、園内を清潔に保つ、次の保育活動への移行を速やかにするなど、子どもが過ごす環境を安全で心地よいもの

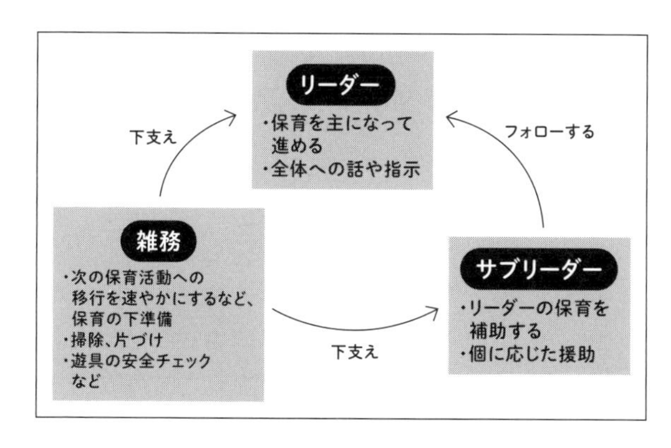

に整える、いわば保育を下支えする役割です。

また、サブはリーダーが先導する保育に付き添い、子どもたちの様子にたえず目を配ってフォローする役割です。

リーダーが行おうとする保育の内容・目的を、サブも雑務もよく理解したうえでおのおのの役割を果たしていく——。保育はまさにチームプレーと言えますね。

学校を出たばかりの保育者1年生にとっては、雑巾の絞り方、竹ぼうきの使い方などひとつひとつ戸惑うことが多いかもしれません。保育の現場は掃除・洗濯・料理など、ひと通りの家事がきちんとできる技術が必要です。エプロンのひもの蝶結びに手間取ることもあるでしょう。先輩の上手なやり方をたくさん吸収して身につけられるよう、積極的に取り組みましょう。

ふー
今日も疲れたー
でも日誌書かなきゃ…
こずえ先生
何か手伝うことありますか?
じゃあ書類つくるの手伝ってくれる?
助かるわ
はい
ゆき先生すごいなあ…
いつも積極的にこずえ先生を手伝ってて…
私も手伝ったほうがいいんだろうけど…
仕事残ってるし…
次の日ー
久しぶりに晴れたから
外遊びをしようと思うの

じゃあ園庭の
安全点検しておきますね
あかり先生も
手伝ってくれる？
は　はい！
遊具もしっかり
点検してね
わかりました！
…
あの　ゆき先生
なに？
ゆき先生っていつも
こずえ先生のフォロー
してますよね
ゆき先生自身の仕事も
あるのに
ほかの先生のお手伝いは
大変じゃないですか？

私がこずえ先生を手伝ってるのは
円滑に仕事を進めたいからなの
…
円滑に仕事を進める…
ですか？
園の仕事って直接子どもと触れ合うこと以外にもたくさんあるでしょ？
来客対応
お便り作成
備品整理
雑務を自主的に引き受ければ
やります
助かるわ
やりかけの仕事片づけちゃおう
はい！
作業が効率的に進んで余裕が生まれるし
自分が困ったときに頼みやすいでしょ？

園全体のことを考えて
みんなが気持ちよく働くために
いま自分がするべき
仕事を考えてる
だけだよ
園全体かあ…
そこまで考える余裕
なかったな…

そういえば　麻衣子先生が
言っていたのも同じこと？
…雑務を担当している
先生が
フォローしてくれる
おかげでもあるのよ

雑務が大切だって意味が
さらにわかった気がする…
私もまわりに目を向けられる
ようになりたいな…！
私もゆき先生を
見習います！
最初は
できる範囲でね

ルルル…
あ　電話
はい！ひなたこども園です！
サッ
ほっ！
こずえ先生！外の掃除やっておきますね
ありがとう助かるわ
あかり先生
園長先生
最近　動きがいいわね
あかり先生の気配りのおかげでスムーズに仕事ができるって評判よ
ありがとうございます！
これからも「私ができること」から主体的に動いてみよう！

アドバイス

自ら進んで行動することが成長につながる

リーダーやサブと連携して子どもたちと向き合う時間以外でも、園にはさまざまな仕事があります。園の様子がまだわからない新人にとっては、かかってきた電話を取るだけでも緊張することかもしれませんね。

けれど、何も知らないからといって引っ込み思案になっていては、いつまでたっても園の仕事の流れや細かなルールがわかりません。園を訪れるさまざまな来訪者への対応や事務作業など、社会人としてのスキルを磨くことも新人には必要なことです。

また、自分の手があいているなら、忙しそうな保育者に「何かお手伝いできるこ

とはありますか?」と声をかけましょう。何度も繰り返しますが、「保育はチームプレー」です。周囲の人びとが気持ちよく仕事をするための気配りこそ、保育者には欠かせないスキルだと言えるでしょう。

進んで行うことの例

- ☑ 消耗品の在庫チェック
- ☑ 遊具の点検・補修
- ☑ プリント整理を手伝う
- ☑ 電話応対　　など

いま、誰にどのような手助けが必要か。事前にどんな準備をしておけば園全体が気持ちよく運営されるか。そのように意識して過ごせば、自分がどんな行動を取るべきかに気づくことができます。

ひとつひとつの手伝いは小さなことかもしれませんが、自分から進んで行動することで、あなたのなかには学びが蓄積され、保育者として成長できるのです。

7月、8月

Episode 10　得意なことを保育に生かす
Episode 11　人間関係のトラブル
Episode 12　保育者の働き方（職場復帰するケース）

Episode 10

得意なことを保育に生かす

とりあえず
ピアノ以外で出しものを
考えよう！

…と言っても
全然決まらない…
う〜ん

読み聞かせは
こずえ先生みたいに
うまくできないし…
ゆき先生みたいに
かわいいものを
手早くつくれないし…

特技がない私に
できることって何かな…
ん？
ペープサート

ペープサート！
これならできるかも！
誕生会までしっかり練習しよう
ぐっ
声の出し方や話し方も研究しないと！
次の日――
はーい
今日は「おおきなかぶ」のお話だよ～
こずえ先生は読み聞かせのとき
じーー
声に抑揚をつけながらゆっくりと心を込めて読んでいる
セリフによって表情も変えているし
うんとこしょ～！
どっこいしょ！
見ている子どもたちもお話に引き込まれて楽しそう
うんとこしょ～！
かぶが抜けました～！
わー！
私もこずえ先生みたいに
子どもたちが笑顔になる出しものにしたいな

それから　こずえ先生の
読み聞かせを参考にして
自分なりに研究し
練習する日々が続き――
ひよこ組
とうとう誕生会当日――
緊張する…
ドキ
うまくできるかな…
ドキ
あかり先生！
そんなに緊張しないで！
ポーンッ
こずえ先生
あかり先生　よく練習
してたじゃない
自信をもって
やってみなさい！
はい！
がんばります！

みんなー
今日は　このくまさんの
お誕生日なんだよ！

わ〜

これからくまさんの誕生日
パーティーが始まるの
どんなお友だちが
来るかな〜？

うさぎー！
いぬー！
わい
わい

みんな反応して
くれてる…！
この調子で…！

最初にやってきたのは〜
ぴょーんぴょーん！
うさぎちゃんで〜す！

次にやってきたのは～
ぱお～ん！
ぞうさんで～す！
わあっ
…キャラクターに
合わせて
表情や声のトーンを
変えているわね
ねずみさんもやってきて
パーティーが始まりました
くまさん！
今日はみんなで
プレゼントを用意したんだよ！
大きいプレゼント！
みんな　何が入って
いると思う？
くるまー！
おはなー！
どきどきするね～
それじゃあ
くまさんと一緒に
開けてみるよ！

せ〜の！
じゃ〜ん！
なかからはとっても大きい
ケーキが出てきました！
わああっ！
みんな
喜んでる！
うまくいったんだ！
よかったよ　あかり先生！
子どもたち
楽しんでいたね！
こずえ先生！
ありがとうございます！
私の新しい特技が
見つかったかも！

アドバイス

苦手なことは無理せず、得意なことを保育に生かす

絵はうまいけれどピアノは苦手、お話上手だけど書類づくりは時間がかかるなど、保育者にも人それぞれ得意・不得意なことがあります。オールマイティーな人など存在しません。誰かが上手にできることをあなたができないからといって、劣等感を抱く必要などないのです。

ささやかなことでもよいので、自分が好きなこと・得意なことを見つけ、その力を自分で育てて保育に役立てましょう。子どもたちの喜びのために努力すれば、必ず結果はついてきます。お手本となる先輩がいたら、メモを取る、まねをするなど研究に励み、楽しみながら成長をめざしましょう。

Episode 11
人間関係のトラブル

実はね…
いま勤めてる幼稚園
辞めたいと思ってるの

え!?

園で何かあった?
あれだけ働くの
楽しそうだったのに…
うん…

はじめは働くのが
すごく楽しかったんだ…
子どもたちもかわいいし
仕事もやりがいがあるしね

でも 先輩たちの
陰口が最近ひどくて…
調子のってるよね〜

ほかにも新人だからって
理不尽な仕事ばかり
押しつけられるの
来月の指導計画は
まだ?
あとこれも!

それは大変だね…
極めつけは
子どもの目の前で
嫌味を言われるの
ゆう子先生よりも
前の新人のほうが
覚えがよかった　とかね
いままでは仕事って
割り切ってたけど
もうそろそろ
限界で…
上司に相談はした？
したんだけど
あまり取り合って
もらえなくて…
…何か解決策は
ないのかな…
次の日
あの　麻衣子先生
いま　お時間
ありますか
ちょっと相談が…
あら
いいわよ

かくかくしかじか…
それは大変ね…
何かいい解決策ってないでしょうか…
友人が心配で…

とりあえず　悩みをひとりで抱え込むのはよくないわね
その上司がダメならほかの上司に相談してはどうかしら
やっぱり人間関係って気の合う　合わないがあるから
聞いてもらえる上司を見つけて相談することが先決ね

もしかしたら嫌味も期待の裏返しかもしれない
本当に悪いところがあるなら園長を通して注意してくれるかもしれないしね
園長
きついことを言われてつらいと思うけど
でも努力している姿を見ていてくれる人は必ずいるはずよ

まずは1年間
勤めあげて
それから辞めるかどうか
考えてもいいと思うわ
ありがとうございます
友だちにも伝えてみます！
あかり先生も
1年間しっかりね！
いつでも相談のるから！
はい　ありがとうございます！
後日――
にゃーーん
もしもし
あかり？
あ！　ゆう子！
あれからどう？
あかりのアドバイスのおかげで
信頼できる上司に相談できたよ
先輩からの嫌がらせも減ったし
やっぱり辞めないで続けてみる！
よかった！
お互い
1年間は勤めあげようね！

アドバイス

つらくても1年は勤めあげる。悩みは抱え込まず、相談する

保育者1年目は初めてのことばかりなので、どんな人でも毎日が緊張の連続です。想像していた以上に仕事が大変だったり、人間関係に悩むこともあるかもしれません。けれども、突然あなたが辞めてしまったら、あなたを先生と慕っている子どもたちはどんな気持ちになるでしょう。一緒に行う運動会やお遊戯会を楽しみにしていた子どもたちの心には傷が残ってしまうかもしれません。

直属の上司に問題があるなら、先輩のなかでも信頼できる人、気持ちの通じる人を選んで相談しましょう。つらくても年度末までは勤めあげるのが、子どもを受け持つ保育者の義務です。1年目を乗り切れば2年目は自信も生まれますよ。

Episode 12
保育者の働き方
(職場復帰するケース)

あかり先生！
はい　なんでしょう！
いま　時間
大丈夫かしら？
だいぶ現場から
離れてしまったから
最近の園や
子どもたちの様子を
教えてほしいんだけど…
私でよければ！
いま食育に力を
入れていて…
そうなのね～
…予想してた通り
昔といまとでは
やり方が
結構違うのね
え
そうなんですか？

子どもたちの間で何が
流行ってるかもわからないしね
早く覚えないと…
またいろいろ
教えてくださいね！
はい！
あけみ先生　大変そう…
なるべく私も力に
なってあげたいな…
さよなら～
さーて！　これから
日誌を書かないと！
すみません
お先に失礼します
お疲れ様ー
あ
お疲れ様です～
あけみ先生
今日も急いで
帰ってる…

…なんか　あけみ先生
いつも忙しそうですよね
え？
…そうね
お子さんもまだ
小さいみたいだしね
やっぱり子育てしながら
働くって大変なんですかね…
そりゃそうよ
ひょこっ
仕事と家事を
両立させなきゃ
いけないんだもの
こずえ先生
独身のときみたいに
残業もできないし
仕事を持ち帰ることも
増えがちだしね
だからこそ！
まわりの協力が
必要なのよ！
え!?

あけみ先生が早く
仕事を終えられるように
あとは私がやります!
ありがとー!
私たちがサポートして
なるべくあけみ先生の
負担を減らしてあげるの
同じ女性同士
理解し合うことも
大切なことよ
将来的に自分も
同じ立場になることを
考えるとなおさらね…
そうか…
ひとごとじゃ
ないんだな…
次の日——
おはよう
ございまーす!
おはよう
あかり先生
あけみ先生
廊下掃除して
くれたんですか!?
うん 私いつも
先に仕事
上がっちゃうし
私の当番
なのに

いつも仕事をお願いして迷惑かけてるから…
これくらいはやらせてほしいの
あけみ先生…
あの…
私　家事と両立してるあけみ先生を尊敬しているんです
だから　迷惑なんて言わないでください！
みんなで協力して仕事しましょう！
あかり先生…
ありがとう…
私もいつか子どもができても
あけみ先生みたいに両立できるようになりたいな
ここは任せて
私あっちやりますね！

アドバイス

職場復帰には周囲の協力が必要仕事の進め方に工夫も

育休明けに園に復帰してきた保育者は、あなたにとって先輩です。その人がたとえ新人という立場で入ったとしても、あなたより年上なら敬語を使いましょう。過去に働いていたときと現在の保育との間にギャップを感じているようであれば、必要なことを伝えたり、相手が働きやすいように雑務を申し出たりするなど、周囲とともにサポートする必要があります。

子育てと仕事を両立している人は毎日が時間との戦いです。自分も将来、同じ立場になることを見据えながら、どんな協力を望んでいるのかたずねてみるのもよいでしょう。相手の保育技術や働き方の工夫など、あなたも学べる点があるはずです。

9月

Episode 13　園見学に来た保護者への対応

Episode 13

園見学に来た保護者への対応

実は共働きをしてまして
急な仕事でお迎え時間に
遅れてしまっても対応して
いただけるのでしょうか？
え　えっと…
どうしよう…
答えにくい…
申し訳ありません！
私ではお答えできませんので
上の者に聞いて参ります！
そうですか
職員室
職員室着いたー！
いま　園長を
呼んで参ります
はい
ガラッ
園長
田中さんを
お連れしました！
はい
ご苦労様
あとさっき
ご質問がありまして…

お待たせしました
園内をご案内
いたします
よろしく
お願いします
ふー…
緊張した…
質問されるとは
思わなかった…
案内お疲れ！
ゆき先生
あの　見学者から
わからないことを
質問されたときは
どう対応すれば
いいんでしょう？
…そうね
あかり先生のような
新人の場合は　わかる
範囲だけ答えれば大丈夫よ
むしろわからない場合は
自分で判断せず　ほかの
人に必ず聞くこと！

さっきの対応でよかったんだ…！
ホッ
あとは常に笑顔でね！
にこ
にこ
保育者の印象は園の第一印象につながるから
感じいいわ
逆におどおどした態度はダメよ
えっと…
あの…
この先生で大丈夫かしら…
保護者が子どもを預けるのを不安に思ってしまうからね
なるほど！
ありがとうございます！
このあと　こずえ先生がひよこ組に見学者を連れてくるみたいだから
見られている意識をしっかりもって保育してね
はい！

保育中——
2歳児クラスです
ワイ
ワイ
ワイ
みんなー！お客様にごあいさつしましょう！
こんにちは！
こんにちはー！
ここの園の先生は元気があっていいですね！
次は何の曲で踊る？
わいわい
わいわい
保育後——
さようならー
バイバーイ
あかり先生
はい
見学の方が　あかり先生のこと元気で感じがいいってほめてたわよ！
前向きに入園を検討していただけるみたい
うれしい…！
少しは園のイメージアップに貢献できたかな…

アドバイス

見学者への対応は明るくにこやかに。わからないことは上司に確認を

見学者は子どもによいと思える園を真剣に探しています。そんな見学者にとって、応対する保育者が明るい笑顔であれば、どんなにホッとすることでしょう。見学者だからといって日ごろの態度を変える必要はなく、いつも通り適切な言葉づかいで接しましょう。固くなったり、おどおどした態度はかえって見学者が不安を抱きます。子どもたちに対しても、いつもの姿を見せればいいのです。

自分が答えられない質問を受けたら、あいまいな返事をするのではなく「上の者に確認します」と伝え、上司や園長に申し送りをします。見送りの際も、明るいあいさつで好印象を与えましょう。

坂東先生に聞く

知っておきたい人間関係のコツ

■上司・先輩

1年目は園の人間関係はわかりません。対立するグループがあったり、優しいと思った先輩に問題があることもあります。言葉のきつい先輩には「この人はそういう性格」と割り切り、ある程度鈍感になって、受け流しましょう。職場は人間観察の場なのです。叱られたら指摘された事項だけ受けとめ、「嫌われた」など必要以上に落ち込まないこと。周囲に振り回されて自分を見失わないことです。

■同僚

職場はさまざまな個性の人が「仕事をするため」に集まる場です。学生時代のように「友人をつくろう」と集う場ではないことを肝に銘じ、同期であってもある程度の距離と慎みをもって接しましょう。職場ではもちろん、ブログやSNSでも悪口やうわさ話はいけません。出どころはわかってしまうものですし、そんな発言をしていれば、隠そうとしてもいずれ態度に現れてしまいます。

■保護者

新人にとって、大勢の保護者の応対をするのは緊張を強いられる仕事です。元気にあいさつするのは大原則。けれど、何人もの保護者の間を飛び回っておもの相手するのは信頼関係が生まれません。八方美人にならず、応対を担当した保護者としっかり向き合いましょう。クレームを言われたら真摯(しんし)に耳を傾け、上司に報告を。保護者への伝言も目を見てゆっくり話し、伝わったかどうか返事を確認します。

10月〜12月

Episode 14

感情的にならないために

ちょ　ちょっと
どうしたの？
ぐぐぐ…
取り合ったら
危ないよ！
ガッ!!
びちゃあ～!!
ああ～!!
絵が…!
びえ～
イラッ…
ギャーギャー
びえ～ん
いい加減に
しなさい!!
ビクッ!!

私　いま…
どなっちゃった？
あ…！
びゃー!!!
あらあら　どうしたの？
何があったの　かな～？
こずえ先生…
ここは私に任せて
あかり先生は　落ち着いてきなさい
はい…
すみません…
WC
あーあ…
やっちゃったなあ…

わかるように
注意しようと思ったのに
台無しになった
もえちゃんの絵を見て
思わずカッと
なってしまった…
最近　ちょっとしたことで
イライラしちゃってるなあ…
はあ
あ　こずえ先生！
スッ
ちょっとは
頭冷えた？
さっきはすみませんでした！
私　思わずどなっちゃって…
うんうん
子どもは思い通りに
動いてくれないからね

だからこそ　保育者は
突然の子どもの行動にも
余裕をもつことが大切なの
あら〜
びえ〜ん
かさない
余裕をもつ…
なるほど…

もし感情的に
なってしまいそうなら
心のなかで「1、2…」と
数えてみるといいわよ！
心が落ち着いて気持ちを
切り替えられるわ
1、2…
ギャー！

ありがとうございます！
今度からやってみます
ハプニングも楽しめるように
なったら大したものよ！
ギャー！
…と思ったそばから
ハプニング！

アドバイス

子どもは思い通りには動かない。心に余裕をもった対応を

新人でもベテランでも、保育者はみんな「心に余裕をもって子どもに接したい」と願っているものです。とは言え、子どもは思い通りに動いてはくれません。あちこちで同時にケンカが始まったりするとイライラして感情的になったり、忙しいときに何度も同じことを問いかけられてつい事務的な応対になったり……。

自分に余裕がないと感じたときは、「ダメ！」と大声を出す前に、ぐっとこらえて「1、2…」と心のなかで数えてみましょう。ひと呼吸置くと、カッとなった感情が少し落ち着きます。気持ちを切り替え、「子どもにはこんなこともある」と余裕をもって応対すれば、適切な言葉を選べるはずです。

明日は製作の予定だ！
ハロウィンのかぼちゃの飾りつくるんだよね…
準備しておかないと…
クレヨンや絵の具は多めに用意しておいて…
パーツも多めに切っておかなきゃ…
あと準備するものは…
…あ！
この前ゆき先生が…
心の準備も大切な事前準備のひとつだよ
心の準備…ですか？
そう！
子どもたちの反応を予測して
頭のなかでシミュレーションしてみるの

そうすればハプニングにもすぐ対応できるでしょう?
なるほど!!

よし　私もシミュレーションしてみよう!

あやちゃんはお絵かきが好きだから夢中になってくれるはず
ヒロくんはあまり製作が好きじゃないから誘い方を考えないと…

シミュレーションしてみると心が落ち着くな…
明日　うまくいくといいな〜
チョキチョキ

次の日——
かぼちゃのおばけつくりたい?
ざわ〜〜

やっぱりヒロくん
気が向かないみたい
よーし！
ヒロくん！
先生と一緒に
指スタンプしよう！
指スタンプー？
指に絵の具をつけて
ポンって押すと…
うわぁ〜！
指スタンプ
おもしろーい！
ペタ
ペタ
ヒロくん　楽しんでくれて
よかった！
事前に準備をしてたから
慌てずに済んだんだろうな
あかり先生
やるじゃない！
ゆき先生の
アドバイスの
おかげです！
やりたい〜
わぁ〜

アドバイス

心の準備をすると慌てずに対応できる

「保育は事前の準備で7割決まる」と、私は考えます。道具や教材などを用意しておくのはもちろんですが、保育者の心の準備も欠かすことはできません。自分が思い描いたようには反応してくれないのが子どもの常だからこそ、うまくいかないときどうするか、どんなトラブルが起こりそうか想定し、対策を考えておくのです。

たとえば空き箱で製作活動をする場合、「○○くんはやりたくないと言うかもしれないから、こう誘ってみよう」など、いろいろなシーンを想定し、頭のなかでシミュレーションしておけば、当日は慌てることなく対応できるでしょう。心の準備は心の余裕のモト。笑顔のあふれる保育が展開されるはずです。

Episode 15
けがをした園児と保護者への対応

ビターン!!
あっ!!
ガッ
びえ～ん
誰か泣いてる!?
びえーー!!
ゆうくん!
大丈夫
ゆうくん!?
口のなかが
切れちゃってる!
びえ～
ブロックを踏んで
転んじゃったんだ!
ハッ

どうしよう…
私が隅にまとめていなかったせいで…！
どうしたの!?あかり先生！
ゆうくんが転んで口のなかを切ってしまって…
出血はそれほどでもなさそうね…
保健室に連れて行くわ
あかり先生はブロックを片づけておいて
は　はい!!
ゆうくん…ひどいけがだったらどうしよう…
30分後——
ただいまー！

バッ
ゆうくん…！
幸い軽いけがで済んだわ
にこにこ
よかった…！
…あかり先生
ゆうくんのけがの原因はわかるわね？
…はい
床に散らばっていたブロックを放置したからです
すぐに戻るからと思ってけがにつながることに気づいていませんでした
その判断はよくなかったわね
子どもはね
思わぬことで大けがをすることもあるの

だから常に環境に
気を配って危険がないか
確認することが大切よ
大丈夫！
刃物は手が届かないところに
保育者同士でも　日ごろから
ヒヤリ・ハットについて情報交換
すべきね
身近にある小さな
危険について
敏感にならないと
いけなかったんですね…
あまり過保護なのも
子どものためには
ならないいけどね
どんなところに危険が
ひそんでいるのか
今日のことを振り返って
見抜けるようになってね
はい！

アドバイス

きちんと謝罪し、事故が起こった原因を明らかにする

失敗したときには、すぐに心から謝るのが大原則です。けれど「ごめんなさい、すみません」が通用するのは学生のうちだけ。責任ある社会人となったからには、詳細を報告し、「申し訳ございませんでした」と深々と頭を下げるのが常識です。

大事なのは謝罪だけで終わらせず、何がいけなかったのかを分析し、二度と同じ失敗を繰り返さないことです。自分の過ちを見つめるのは苦しい作業です。つい目をそらしたくなりますが、原因を見極め、どう対処すべきだったかを考え、その経験を蓄積し成長の糧としてください。また、危ないと思った「ヒヤリ・ハット体験」を保育者同士で共有して事故を防ぐことも重要です。

降園時
ゆうー
迎えに来たよ！
ママーー！
お帰りなさい！
ゆうくんママに
今日のことを
伝えないと…
あの…
ドキドキ
あら！　ゆう！
お口どうしたの!?
転んだー
あの…
ゆうくんのけがの
ことなんですが…
床に散らばった
ブロックにつまずいて転んで…
口のなかを少し切ってしまいました
え!?
口のなかを!?

少し血が出たので
保健室でうがいをして
様子を見ました
お口
見せてねー！
♪
幸い血もすぐに止まり
お昼ご飯も痛がらず
食べていました

私の不注意が原因です
大変申し訳ございません
でした！
ガバッ

……

…わかりました
ビクッ

先生の不注意については
怒っていますが
適切に処置して
くださったことについては
感謝します

今後は気をつけてくださいね！
はい！
お子さんの安全を全力で守ります！
お疲れ様！
ぽんっ
ふー
わかってもらえてよかったね
はい…
でもあらためて子どもの安全を意識しないとって反省しました
そうやって反省できるのはいいこと！
ゆうくんママだって　あかり先生の誠実な対応を見て納得してくれたんだと思うよ
保護者に安心して子どもを預けてもらえるようにしないとね！

アドバイス

保護者には誠実に対応し、信頼関係を築く

大事な子どもにけがをさせてしまった——。このようなとき、保護者は園に対し不信感と怒りを抱くものです。保護者にはけがの原因やそのときの状況、そのあとの園の対応などをきちんと説明し、誠意をもって謝罪しましょう。誠実な対応なしには、保護者の納得は得られません。

場合によっては、あなただけでなく上司も同席する必要があるかもしれません。あなたの判断ではなく、上司の指示を仰ぎましょう。

誠実な対応と二度と事故を起こさないという強い決意を示すことで、保護者との信頼関係を築きましょう。

坂東先生に聞く

社会人1年目の心構え

■報告・連絡・相談

保育はチームで行うもの。情報共有は不可欠です。「ホウ・レン・ソウ」（報告・連絡・相談）の大切さを、いつも心に留めましょう。いきなり園長や話しやすい先輩に伝えるのではなくまず直属の上司に伝える「レポートライン」を守ります。とくに、上司が忙しそうだからと、クレームなどに独断で対応するのはNGです。失敗したときこそしっかり報告して、対処を学びましょう。

■仕事の姿勢

仕事で「個性が出せない」と嘆いていませんか？　仕事の流れや意味を知らないうちに、新人が個性を出そうと思うのは危険です。自分の工夫を加えるのは基本の仕事をこなせるようになってから。まずは目の前の仕事をひとつひとつ覚えていくことに気持ちを向けましょう。電話応対や掃除など、専門外の仕事も園の運営には欠かせません。一見専門外と思える仕事も、あなたの成長につながります。

■記録をつける

がんばりどころをまちがってしまうと、せっかくの努力も水の泡です。指示された仕事は「はい」と受けるだけでなく、「いつまでに」「何のために」を確認し、意図に沿ったレベルの仕事をします。仕事内容は記録し、1週間や1か月のスパンで読み返し、問題点があれば対策を考えましょう。個人的な日記は、うまくいったこと・うれしかったことなど、ポジティブな内容で自分にエールを送りましょう。

1月〜3月

Episode **16**　実習生から学ぶこと
Episode **17**　仕事の量が多いとき

Episode 16

実習生から学ぶこと

保育中
今日は天気がいいからお外で遊ぶよ〜！
キョロキョロ
めい先生どうしたんだろう
どうしたの？めい先生
あの 何をすればいいかわからなくて…
まず子どもたちに帽子をかぶらせて
外履きを履かせるの
ありがとうございます！
私も手伝うよ！
みんな帽子をかぶってね〜！
外のおくつ履こうね〜！
めいせんせあそぼー
あそぼ
よかった…子どもとうまくやれてるみたい！

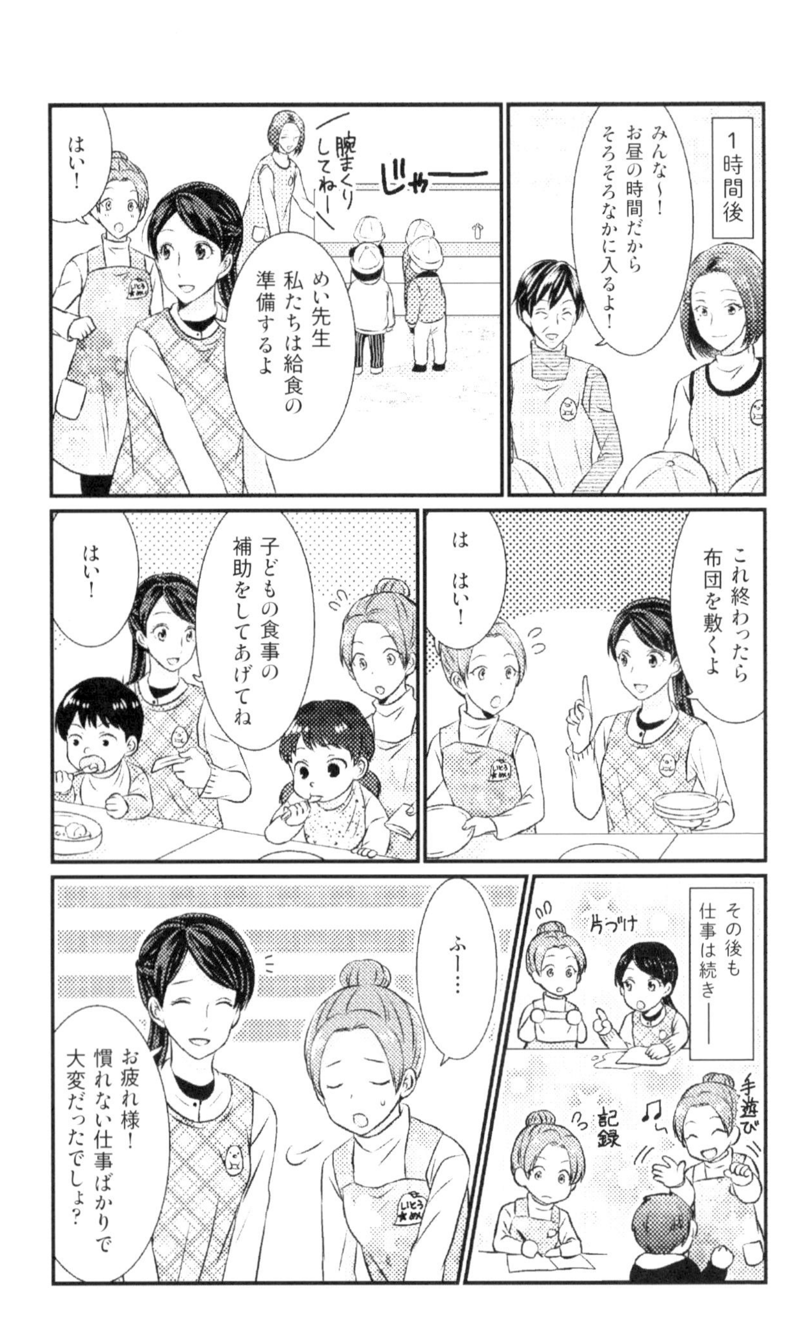
1時間後
みんな～！お昼の時間だからそろそろなかに入るよ！
じゃーー
腕まくりしてねー
めい先生 私たちは給食の準備するよ
はい！
これ終わったら布団を敷くよ
は はい！
子どもの食事の補助をしてあげてね
はい！
その後も仕事は続き――
片づけ
記録
手遊び
ふー…
お疲れ様！慣れない仕事ばかりで大変だったでしょ？

はい…
正直　保育がこんなにハードな仕事だなんて思ってませんでした…
だよね
私も最初はめい先生と同じ気持ちだったよ
でも　保育って大変だけど子どもの成長が感じられるやりがいのある仕事だよ
2週間楽しみながらがんばってね！
はい！
いろいろと教えてください！
それから2週間──
むかしむかし…
ありがとうございました！
めい先生は一生懸命　保育の仕事に取り組み　なごりおしそうに実習を終えました

あっという間でしたね…
いい学生さんだったわね
私　めい先生を指導したことで
とても勉強になりました
私自身　あらためて「なぜこれをやるのか」「どう動くのか」を確認することができたし
何があったのかな？
教えてください！
メモ
めい先生が素直に学ぼうとしている姿を見て私も負けてられないなって
実習生から教えられることって多いよね
はい！
でも　なかなかあかり先生の先輩姿も様になってたよ
少しは成長したってことかな！
え!?

実習生に教えることで自分の保育を振り返る

右も左もわからない実習生を預かるのは得がたい経験です。自分が行っている保育活動の意味や、子どもやほかの先生、保護者への接し方などをあらためて客観的に見ることができるからです。

「たとえ不安があっても、笑顔で明るいあいさつを」。そう先輩から教えられた意味を、実習生の姿から思い出すことができるでしょう。指導に素直に耳を傾け、スキルをどんどん吸収していく様子や、子どもとのかかわり、掃除・記録などに奮闘する姿などから、多くの気づきが得られるはずです。自分の成長を実感しながら、再び新鮮な気持ちで保育に向き合ってください。

Episode 17
仕事の量が多いとき

あ　あかり先生！入園式・進級式用の看板案できた？
え!?
看板案…
あっ！
そういえば係になっていたんだ…
20日までに看板のデザイン案考えておいてね
はい！
どうしよう…
忙しすぎて忘れてた…
…すみません　まだデザイン案できてなくて…
1日お時間いただけないでしょうか…
…期限を守れなかったことは問題だけど
仕方ないわね…
はぁ

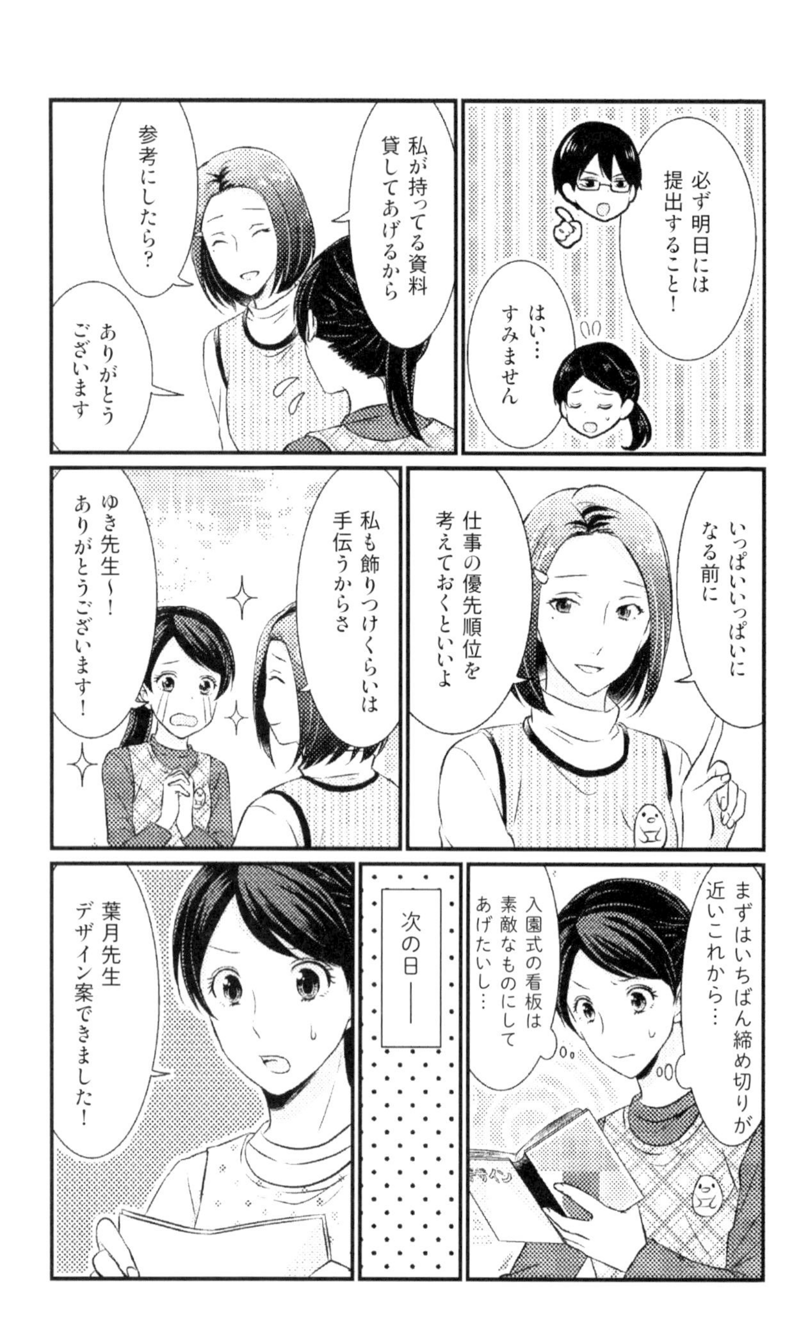
必ず明日には提出すること！
はい…すみません
私が持ってる資料貸してあげるから
参考にしたら？
ありがとうございます
いっぱいいっぱいになる前に
仕事の優先順位を考えておくといいよ
私も飾りつけくらいは手伝うからさ
ゆき先生～！ありがとうございます！
まずはいちばん締め切りが近いこれから…
入園式の看板は素敵なものにしてあげたいし…
次の日——
葉月先生デザイン案できました！

遅れてしまい申し訳ございませんでした！
お疲れ様
…
これはダメだわ
ガーン
去年と似ているから
あとひと工夫ほしいわね
…はい
もう少し考えてみます
その後　ゆき先生の助言もあり
こーいうのをやってみたいんですが
だったらこうしたら？
何とか2回目でOKをもらえました
OK!!
ありがとうございます！

よし！
何とか間に合わせるぞ！
あかり先生！
ゆき先生！
手伝うよ

みんなでやったほうが早いもんね！
いいものつくりましょ！
えり先生たちも…
みなさんありがとうございます！

全部ひとりでやらなきゃいけないと思ってたけど
ときにはまわりに協力してもらってもいいんだな…
入園式

アドバイス

締め切りがある仕事は早めに準備を。分担して効率よく進める

保育者1年目は目の前の仕事で精一杯になり、園全体の仕事の流れは見えにくいものです。仕事量が格段に増える年度末は、振られる仕事の優先順位を把握してスケジュールを立てないと、土壇場で「忘れていた！」「できあがらない！」など青ざめる事態が起こりかねません。自分が何を任されているか、上司や信頼できる先輩には報告しておき、手に負えない量を抱え込むのを避けましょう。

大事なことは、園が効率よく仕事を完了させることですから、適正に仕事を分担するためにも、忙しいときほど「ホウ・レン・ソウ」は大切です。とくに承認が必要な仕事はダメ出しをされることも見越して、早めに取り組む必要があります。

Epilogue
一人前の
保育者をめざして
ワイ
ワイ
ガヤ
ガヤ
あかりー！
こっちこっち！
キャー！
久しぶり〜！
元気だった？
あかりこそ
元気にしてた？
うん！ やっと仕事にも
慣れて何とか続けているよ
みんなも卒業後は
保育者に？
そう！
いまは3歳児を
担任しているよ
私は5歳児
結構 保育者に
なってる子
多いよね〜

正直 保育者ってこんなに
大変な仕事だと
思ってなかったよね
先輩には
毎日叱られるし
肉体労働や仕事量も
多いしね
どこの園も一緒なんだな
ハハ…
…でもさ
つらいことも多いけど
うれしいことも
たくさんある仕事だよね
…うん
はじめは慣れないことばかりで
失敗してどなられるたびに
心がくじけそうになった

でもいろいろな人に支えられて
試行錯誤して
少しずつ成長することができた
そして何よりも子どもたちの笑顔があったから
1年間続けられた
お集まりのみなさ～ん！ご注目下さ～い
横山先生からみなさんへメッセージが届いています
――保育者1年目を終えるみなさんへ
みなさん、無事に保育者1年目をまっとうされましたね。
つらいこと、苦しいこと、たくさんあったでしょう。
それでも、くじけずに乗り越えたみなさんは大変立派です。
心からの拍手を送ります。

さて、いよいよ2年目！
苦労は1年目の半分になるので
安心してください。
そのぶん、子どもの姿をよく見て、
どのように援助することが
その子の成長につながるかを
考えながら、
次のステージに進みましょう。
みなさんがこれからも笑顔で、
子どもとよい関係を
築いていかれることを
全力で応援しています。

2年目の苦労は
1年目の半分か…
それでも初心を忘れずに
日々学んでいきたいな
2年目の春――
さきちゃん
おはよう
ございます！
おはよー！
これからも私はこの場所で
子どもの笑顔に囲まれながら
一人前の保育者に
なれるよう
成長していきたい！

悩める保育者必見！

Q&A

Q 私ばかり怒られてる気がします。

A 先輩はあなたにもう一段階成長してほしいと思うからこそ叱るのです。「教えていただきありがとうございました」と素直に受けとめ、教えを吸収しましょう。しかし、もしも理不尽で陰湿な小言が続くようなら、信頼できる先輩に相談してください。

Q ミスばかりで自分に自信がもてません。向いてないのかも…。

A ミスをすると気持ちが落ち込みますが、落ち着いて仕切り直しましょう。ミスから学べばよいのです。あなたの前向きな努力は、必ず誰かが見てくれていますし、子どもの笑顔となって返ってきます。

Q 園内の雰囲気が悪く、辞めたいです。

A 職場は学生サークルとは違い、環境は園それぞれです。子どものために1年は続ける意志をもち、自分はいつでも笑顔で接することを心がけて。また、雰囲気に飲み込まれずに日ごろから人間観察をして、信頼できる先輩を見つけましょう。ときには園外の友人と話すなど、リフレッシュも大切です！

Q 子どもが言うことを聞いてくれません。信頼関係を築くコツはありますか？

A 信頼関係の土台は大人も子どもも同じです。相手を信頼し、こちらから心を開くこと。若さを生かし、体を動かして子どもと遊びましょう。子どもは一緒に汗をかいてくれる保育者に心を寄せます。

Q 仕事をこなすのに時間がかかり残業ばかり。どうすれば効率よく仕事できますか？

A いきなり仕事に取りかからず、全体を見て段取りを考え、取り組む順番を決めましょう。切る・折るなどの作業は手際のよい先輩から学ぶ、悩んだら指示を出した人にたずねる、仕事が重なりすぎたら相談するなど早めに対応しましょう。

Q 何度お願いしても、持ちものを忘れる保護者がいます。

A 持ちもののお願いは2週間前までに予告を。保護者は忙しくて忘れがちなので、直前に再度連絡帳やお便り、園の告知板などで伝えます。忘れがちな保護者にはメモを手渡し、「いつもご協力ありがとうございます」と笑顔で言い添えると、印象に残るでしょう。

Q 保護者からクレームがあったらどう対応すればいい？

A たとえ理不尽な話でも、「申し訳ございません。ご指摘ありがとうございます」と誠意ある態度で相手の話に耳を傾けることが鉄則です。あなた個人へのクレームがあった場合は、すぐに上司に報告を。

時間を守る

時間に追われると
1日がクタクタで終わってしまいます。
「これは○時までにやる」と
見通しを立てると、作業効率が
アップします！　「早くできる秘訣は何ですか？」
とデキる先輩に聞いてしまうのも早道ですよ。
大変なことは自分がラクになれるよう工夫して、
子どもと楽しく向き合いましょう。

友だち

学生時代の
友だちと会って
おいしいものを食べる！
しゃべり倒す！
ライブに行く！　など、
楽しみをつくって、
乗り切りましょう！

声出し

お腹から声を
出すのは、最初は
慣れないもの。
朝は発声練習
すると、声が
出しやすくなります。

つらさ

1年目はつらいことが
多いけれど、
2年目はつらさが
半分になります。
がんばってくださいね！

返事

名前を呼ばれたら、
手を止め
相手のほうへ
体を向けて
「はい」と返事を。
目線だけ向けるより
好印象ですよ。

寝る

眠れるときに寝る！

睡眠不足を解消して、元気になりましょう。

振り返り

「あのとき辞めなくてよかった」と思える日が必ず来ます。**自分が努力したこと、子どもがかわいかったことなどノートに書いて、**励みにしてください。

成長

1年後、振り返ってみれば驚くほど成長した自分が見えるはずです。子どもと同じくらい、いまのあなたも伸び盛り。**自分を信じてエールを送りましょう。**

努力

努力は必ず実ります。

あなたのがんばりを見ている人は必ずいますよ！

余裕

子どもが何を言ってもイヤイヤなときは

「イヤなんだね。そうだったんだねー」と受けとめてあげる

と、かわいくコックリうなずくことも。面倒がらずに、その子の"いま"を受けとめる余裕をもってください。

本文イラスト	rikko
装丁・本文デザイン	mashroom design
執筆協力	米原まゆみ
編集協力	株式会社童夢
企画編集	池田朱実 （株式会社ユーキャン）
プロデュース	安達正博 （株式会社ユーキャン）

正誤等の情報につきましては『生涯学習のユーキャン』ホームページ内、「法改正・追録情報」コーナーでご覧いただけます。
http://www.u-can.jp/book

ユーキャンのまんが
保育者1年目の教科書

2017年4月21日 初版　第1刷発行

編　者	ユーキャン学び出版　スマイル保育研究会
発行者	品川泰一
発行所	株式会社ユーキャン　学び出版 〒169-0075 東京都新宿区高田馬場1-30-4 Tel. 03-3200-0201
発売元	株式会社自由国民社 〒171-0033 東京都豊島区高田3-10-11 Tel. 03-6233-0781（営業部）
印刷・製本	望月印刷株式会社

※落丁・乱丁その他不良の品がありましたらお取り替えいたします。お買い求めの書店か自由国民社営業部（Tel. 03-6233-0781）へお申し出ください。

© Mariko Bando & Yoko Yokoyama
2017 Printed in Japan

本書の全部または一部を無断で複写複製（コピー）することは、著作権法上の例外を除き、禁じられています。

●監修

坂東 眞理子
昭和女子大学総長

富山県出身。1969年総理府（現内閣府）入省。青少年対策本部老人対策室参事官補、内閣府広報室参事官を経て95年埼玉県副知事、98年在豪州ブリスベン総領事、2001年内閣府男女共同参画局長。04年昭和女子大学教授、07年同学長（16年まで）。14年理事長（学長兼務）、16年同総長（理事長兼務）。著書に『女性の品格』『親の品格』（ともにＰＨＰ新書）、『U-CANの保育者１年目の教科書』（U-CAN）ほか多数。

横山 洋子
千葉経済大学短期大学部こども学科教授

富山県出身。国立大学附属幼稚園、公立小学校教諭を経て現職。保育者の養成に携わる。著書に『子どもの育ちを伝える　幼稚園幼児指導要録の書き方＆文例集』（ナツメ社）、『月齢別赤ちゃんのよろこぶあそび110』（チャイルド本社）、『U-CANの悩まず書ける！連絡帳の文例集』『U-CANの保護者対応のコツ』（ともにU-CAN）、『保育者のためのお仕事マナーBOOK』（学研プラス）ほか。

●漫画

rikko

コミックアンソロジーやイラスト、商業漫画などを中心に活動。また、漫画家アシスタントとしても活動している。主な書籍に『マンガで身につく超高速勉強法』（経済界）など。